Counting Farm
農場 數一數
nóng chǎng　shǔ　yī　shǔ

by Siu Ting Tsang and Andrew Sun

To baby Avery:
May you learn Chinese
better than your father did.
- Mommy and Daddy

農夫先生每天都照料
nóng fū xiān sheng měi tiān dū zhào liào
他的農場。
tā de nóng chǎng.

Every day Mr. Farmer tends to his farm.

在田野裡有一隻
zài tián yě lǐ yǒu yī zhī
大牛。還有什麼?
dà niú　　hái yǒu shén me

In the field there is one big cow. Any more?

在樹下有兩隻狗。
zài shù xià yǒu liǎng zhī gǒu

還有什麼？
hái yǒu shén me

Under the tree there are two dogs. Any more?

在馬棚有三匹馬。
zài mǎ péng yǒu sān pī mǎ

還有什麼？
hái yǒu shén me

In the stable there are three horses.
Any more?

在房子前面有四隻山羊。
zài fáng zi qián miàn yǒu sì zhǐ shān yáng

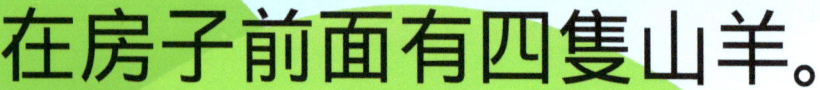

在柵欄有五隻雞。
zài zhà lán yǒu wǔ zhǐ jī

還有什麼？
hái yǒu shén me

On the fence there are five chickens. Any more?

在河裡有六條魚。
zài hé lǐ yǒu liù tiáo yú

還有什麼？
hái yǒu shén me

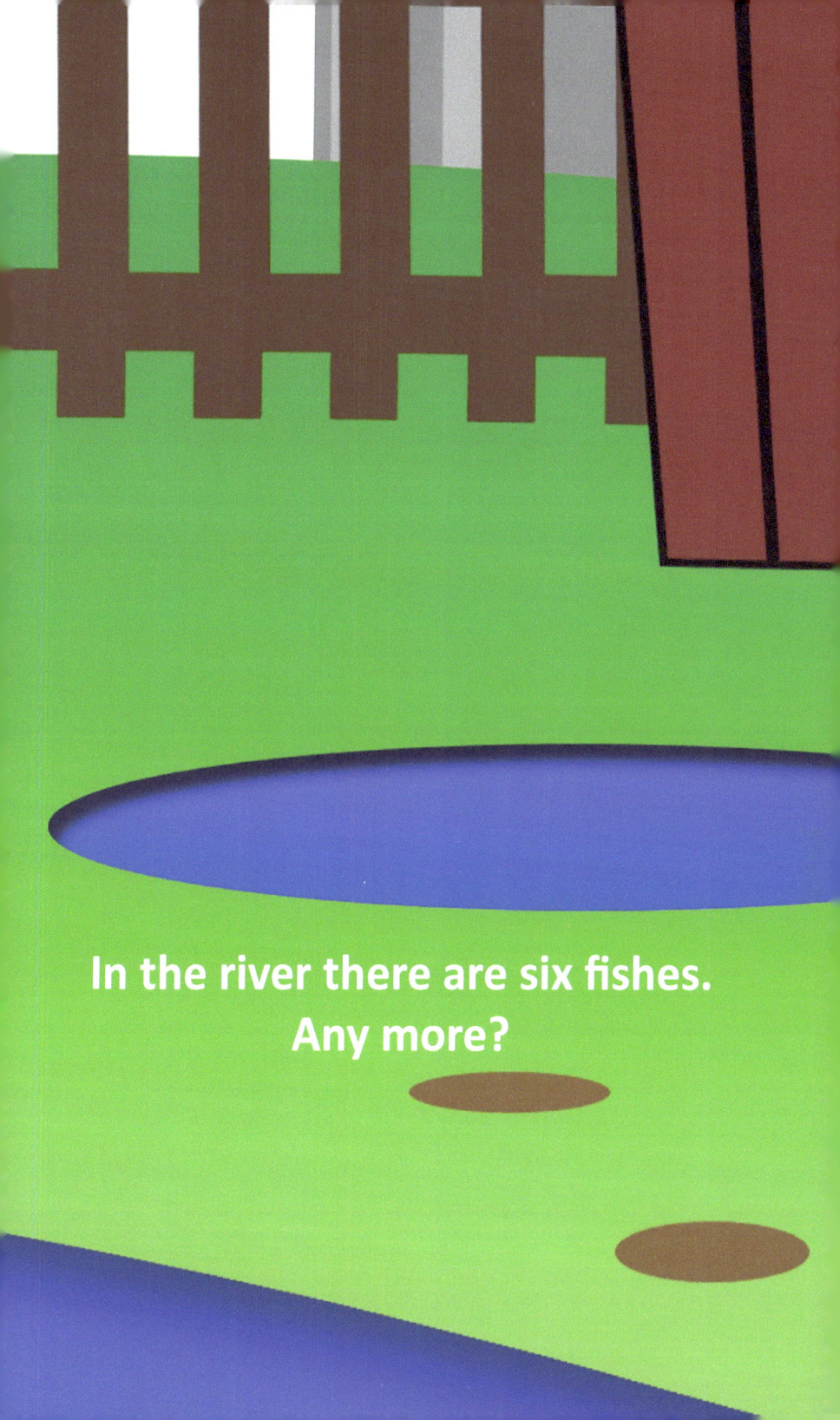

在泥裡有七隻豬。
zài ní lǐ yǒu qī zhī zhū

還有什麼？
hái yǒu shén me

In the mud there are seven pigs.
Any more?

在山上有八隻羊。
還有什麼？

Over the hills there are eight sheep. Any more?

在池塘有九隻鴨子。
zài chí táng yǒu jiǔ zhī yā zi

還有什麼?
hái yǒu shén me

On the pond there are nine ducks. Any more?

在門廊下有十隻老鼠。
zài mén láng xià yǒu shí zhǐ lǎo shǔ

Under the porch there are ten mice.

農夫先生有多少
nóng fū xiān sheng yǒu duō shǎo

動物？
dòng wù

How many animals does Mr. Farmer have?

Mr. Farmer has ...

... 和一隻大牛!
hé yī zhī dà niú

... and one big cow!

www.ingramcontent.com/pod-product-compliance
Lightning Source LLC
Chambersburg PA
CBHW041813040426
42450CB00001B/27